27

L n 13096.

LE

TRIOMPHE DE LA GRACE.

PUBLIÉ PAR LA SOCIÉTÉ DES LIVRES RELIGIEUX
DE TOULOUSE.

Toulouse, Imp. de A. CHAUVIN, rue Mirepoix, 3.

LE
TRIOMPHE DE LA GRACE

OU

NOTICE

SUR LA VIE ET LES DERNIERS MOMENTS

DE

MARIE-ÉMILIE M***,

RETIRÉE DE CE MONDE A L'AGE DE 21 ANS.

TOULOUSE,

SOCIÉTÉ DES LIVRES RELIGIEUX.

Dépôt : rue des Balances, 35, hôtel Sans.

—

1861.

PRÉFACE.

Est-il besoin de le dire? Tout, dans cette simple notice, est *parfaitement vrai*. La personne qui l'a rédigée a poussé le scrupule jusqu'à communiquer à des amis les pièces dans lesquelles, outre ses souvenirs, elle avait puisé la matière de son travail. Pour ne pas être trop long, on a dû supprimer plusieurs morceaux du journal de l'enfant; mais c'est avec regret, car rien d'aussi intéressant que ce daguerréotype fidèle de la pensée d'un jeune cœur placé sous l'influence de l'Esprit de Dieu. On a supprimé également plusieurs passages du journal qui fut tenu pendant les derniers jours que la jeune Emilie passa sur la terre, non pas que tout ne méritât d'être cité, mais parce qu'on craignait de trop mettre en relief des personnes vivantes.

Veuille le Seigneur faire tourner à sa gloire cette faible esquisse de l'œuvre de son amour dans une âme régénérée par sa grâce toute gratuite ; et puisse la jeune chrétienne, qui, de son vivant, fut en si grande bénédiction pour plusieurs, comme Abel, parler encore, quoique morte, par sa foi et par sa vie !

LE TRIOMPHE DE LA GRACE

ou

NOTICE SUR LA VIE ET LES DERNIERS MOMENTS DE MARIE-ÉMILIE M***,

Retirée de ce monde à l'âge de 21 ans.

CHAPITRE PREMIER.

Enfance de Marie-Emilie. — Commencement de l'œuvre de la grâce dans son cœur.

> Instruis le jeune enfant dès l'entrée de sa voie.
>
> (PROV., XXII, 6.)

Née dans un joli village du midi de la France, le 1er septembre 1834, de parents simples et pieux, Marie-Emilie eut pour parrain et marraine un cousin et sa sœur choisis par ses parents, à cause de

l'amitié qui les unissait les uns aux autres. La marraine voua à cette chère enfant, qu'elle appelait *Elmy*, une affection
toute maternelle. Parfaitement douée sous
tous les rapports, Elmy (nous ne l'appel-
lerons plus que de ce nom), Elmy ne
tarda pas à se distinguer parmi les enfants de son âge. Sa charmante et spiri-
tuelle figure, sa grâce, sa docilité, son
intelligence précoce inspiraient, dès l'a-
bord, ce touchant intérêt que font naître
les signes non équivoques d'une nature
d'élite.

A l'âge de trois ans, elle savait lire, et
déjà sa mémoire était passablement or-
née. Son esprit vif et pénétrant se plai-
sait dans l'étude et dans l'instruction.
Avide de connaître le pourquoi et le comment de toutes choses, elle accablait ceux
qui l'entouraient de questions souvent
très-judicieuses.

Sa marraine, qui devint aussi son institutrice, acquit de bonne heure sur elle
une grande et précieuse influence, tant

par la fermeté qu'elle eut parfois à déployer à son égard, que par l'amour vrai qu'elle lui témoignait sans cesse. Sa tâche, du reste, lui fut rendue aussi facile qu'agréable, grâce aux dispositions naturelles de l'enfant et aux sentiments qu'une mère chrétienne lui avait inspirés dès le berceau. Vive, aimante, ingénue et très-gaie, c'était un charme que d'instruire la petite Elmy, et rien n'était attrayant comme ses questions multipliées, qui toutes portaient l'empreinte d'un esprit observateur et sérieux.

A l'âge de huit ans, elle commença à écrire un journal, où étaient consignées ses pensées les plus intimes. Ce fut pour elle l'occasion de s'examiner sous le regard de Dieu, et de soumettre sa conduite à la Parole sainte qu'elle étudiait avec bonheur.

La marraine ne lisait le journal que lorsque l'enfant, embarrassée sur un sujet qu'elle voulait mieux comprendre, demandait des directions ; alors une correspondance pleine d'intérêt s'établissait entre l'institutrice et son élève, qui habitaient cependant sous le même toit. Cette correspondance, qui n'était jamais mentionnée de vive voix, devint le sujet de prières ferventes. C'est ainsi que se forma entre ces deux âmes une intimité douce et confiante qui les rendit précieuses l'une à l'autre : amour saint, lien impérissable, qui procède du cœur même de Jésus, et que rien ne peut rompre, ni le temps, ni la distance, ni la mort ; communion des âmes rachetées par le même Sauveur, éternel aliment des élus, que nous goûtons dès ici-bas comme une anticipation des joies du ciel !.....

Voici quelques fragments du journal dont nous avons parlé :

21 *Novembre* 1841. — Nous arrivâmes au V..... à onze heures du soir. Le voyage fut des plus heureux ; il se fit sous le regard de Dieu.

19 *Décembre.* — Je fus indisposée ; mon professeur ne vint pas. En lisant ma Bi-

ble, je trouvai ce passage : *Châtie l'enfant et la verge ne le tuera pas.* Cela réveilla ma conscience, parce que j'avais osé lever la main contre ma mère qui me reprenait un de ces derniers jours. Je ne savais pas alors que le Seigneur faisait un devoir aux parents de châtier leurs enfants.

24. — A la réunion d'ouvrage, ma cousine lut un sermon qui toucha ma conscience ; elle me dit fortement : « Prie Dieu de changer ton cœur. » J'allai dans le cabinet, et je demandai à genoux au Seigneur de me bénir. Il daigna m'exaucer ; ce qui me montra que lorsqu'on a confiance en Dieu et qu'on s'adresse à lui au nom du Seigneur Jésus, il répond à nos prières.

25. — Jour de Noël, jour solennel où le Seigneur Jésus vint sur la terre sous la forme d'un petit enfant. J'allai au temple ; mon cousin prêcha sur ces paroles d'Esaïe, XLIX, 13 : *Cieux, réjouissez-vous avec chant de triomphe ; terre, égaie-*

toi ; et vous, montagnes, éclatez de joie avec chant de triomphe ; car l'Eternel a consolé son peuple, et il aura compassion de ceux qu'il a affligés. Aussitôt que la voix du pasteur se fit entendre, mon cœur fut ému et mes larmes coulèrent ; je ne pouvais me contenir.

26. — Ma conscience me dit plusieurs fois dans la journée : « Prie » ; je résistai, aussi je ne ressentis aucun bien.

28. — Ma conscience ne fut pas tranquille ; je priai, elle ne s'apaisa poiñt.

29. — Toutes mes bonnes dispositions s'enfuient.

6 *Janvier* 1842. — Je mentis à ma cousine qui se brouilla avec moi ; elle me gronda sérieusement et m'appela menteuse.

7. — A la réunion d'ouvrage, on fit la description du lépreux ; ensuite on s'appliqua cette description, et on dit que le pécheur était devant Dieu couvert de blessures incurables, tant qu'il n'allait pas à Jésus pour être guéri.

8. — Avant dîner, j'allai demander pardon à ma cousine ; elle fut assez bonne pour oublier ma faute, et me promit de me prendre avec elle lorsqu'elle sortirait.

9. — Je pris la ferme résolution de veiller sur mes pensées ; mais, hélas ! une heure ne s'était pas écoulée que j'avais fait inquiéter la domestique ; alors je m'humiliai devant Dieu et il me soutint. Plus tard, comme Satan venait encore me tenter, je priai le Seigneur de faire retirer l'ennemi, et il me rendit forte.

30. — La réunion d'ouvrage a eu lieu. J'ai été distraite à la prière ; j'ai honte de ma légèreté en écrivant ce journal ; je rougis de ne savoir pas être plus sage.

1er *Février*. — Une de mes amies est tombée malade, sérieusement malade ; je vais la voir souvent ; elle a été mieux pendant quelques jours.

2. — Mon amie est plus malade ; elle s'affaiblit ; nous avons prié pour elle à l'école du dimanche.

4. — Mon amie n'est plus ! A quatre

heures du matin elle a délogé de ce monde ; si elle n'avait pas connu le Seigneur avant sa maladie, elle n'aurait pas eu le temps de se convertir ; heureusement elle aimait Jésus, et plaçait en lui toute sa confiance.

5. — On a porté les dépouilles de mon amie à sa dernière demeure..... Je suis triste. Que de réflexions ! On meurt à tout âge.....

6. — Il y a une élève de plus à l'école du jeudi. Elle a beaucoup d'intelligence ; je crains qu'elle ne me dépasse. Elle connaît la Bible beaucoup mieux que moi. Souvent je suis obligée de me taire, parce qu'elle cite juste les passages que l'on demande.

8. — J'ai eu de l'orgueil, parce que Satan me disait que j'obéissais mieux à ma cousine qu'autrefois : au même instant j'ai fait trois sottises.

9. — Mon cousin a prêché ce matin sur ces paroles : *Ne pèche plus désormais.* Il est remonté jusqu'à Adam, et il a fait une

telle description du péché, qu'en arrivant à la maison, je n'ai pu m'empêcher d'aller au pied de mon lit demander à mon Dieu de me donner horreur du péché.

11. — Je suis allée avec ma cousine au jardin. Comme la création m'a paru belle! je ne pouvais assez admirer la bonté et la puissance de Dieu ; mais en rentrant à la maison, j'ai été encore distraite à la prière ; je suis bien mauvaise.....

12. — Le matin, je n'ai pas fait ma prière. Dieu n'a pas été avec moi de tout le jour. Le soir, Mme B..... demanda à ma cousine si elle voulait aller à A..... ; elle dit que oui ; je lui demandai si elle me ferait faire cette jolie promenade, mais comme je n'avais pas été sage, ma cousine répondit que non. Ce fut un coup de marteau pour moi ; j'étais très-irritée ; j'aurais mis ma cousine sous mes pieds, si j'avais pu, surtout lorsqu'elle dit qu'elle ferait des courses toute la semaine, et qu'elle ne me prendrait que lorsque je serais devenue plus sage.

Jeudi, 13. — L'école a été plus nombreuse ; j'en ai été fâchée, — comme si je ne devrais pas au contraire être contente que des âmes voulussent apprendre que Jésus est leur Sauveur !.....

Ma cousine est allée à A..... ; j'espérais qu'ayant été attentive à la leçon, elle se laisserait fléchir ; lorsque j'ai vu que non, mon mauvais vouloir a pris le dessus, et à son départ je ne suis pas allée l'embrasser.

14. — Je fus de mauvaise humeur tout le jour ; mes leçons allèrent tout de travers.

18. — Je fus indisposée. L'après-midi, après quelques paroles de ma cousine sur la mort, j'entrai dans ma chambre, où je fis de sérieuses réflexions. Je me mis à genoux pour demander à Dieu d'ôter de mon âme toute crainte de la mort ; et de me donner, au contraire, de pouvoir la considérer comme un gain par Christ mon Sauveur.

27. — En apprenant ma leçon de l'école du dimanche (Matth., XXV), lorsque Jésus, parlant à ceux qui ont fait sa vo-

lonté, leur dit : *Venez, les bénis de mon Père*, etc. , je sentis que je devais prier ; mais je ne le fis pas. J'allai au salon un instant après ; j'y vis une petite lettre à mon adresse ; je m'en saisis avec empressement. Cette missive était de ma cousine. Il semblait qu'elle eût deviné le trouble de mon âme. Ma cousine m'engageait à aller dans son cabinet pour demander au Seigneur la sagesse. Je ne voulus pas ouvrir mon cœur à cette excellente amie ; je fus malheureuse.

28. — Je me battis avec N.....; j'eus de la vanité parce que Satan me disait que j'étais jolie ; j'allai me regarder au miroir, comme si je ne devais pas au contraire demander au Seigneur de m'ôter ces mauvaises pensées. Je me sentis mal à mon aise, parce que la même voix qui s'était fait entendre la veille pour m'engager à prier, s'était fait encore entendre. Je priai, je pleurai, et je demandai au Seigneur de me pardonner, de me bénir.

1er *Mars*. — J'ai eu de l'orgueil. Satan

me disait que j'étais laborieuse ; au même moment, je quittai mon ouvrage pour m'amuser. Je me mentis à moi-même ; m'étant donné une tâche, je ne la fis pas.

13. — Ma cousine m'ordonna de refaire une lettre à maman, mais je m'obstinai à ne pas vouloir lui obéir ; alors elle me mit dans un lieu où sont les malles. Au lieu de réfléchir, je m'endormis ; mais hélas ! Satan, durant mon sommeil, me donna de mauvaises pensées. Il me disait : « Ne fléchis pas, » et quand ma cousine vint m'interroger sur mes sentiments, je me tus. Je ne pensai pas à prier ; aussi, je fus malheureuse tout le jour.

14. — J'ai été méchante avec R...., qui est très-vive. Elle m'a fait mal au doigt ; je n'ai pas pu travailler. C'est une leçon. Je veux être bonne, parce que lorsque je serai plus âgée, je pourrais avoir pris de mauvaises habitudes qui me feraient détester de tout le monde. Dieu veut que nous nous supportions et que nous nous aimions.

18. — J'assistai à la Société d'ouvrage. On lut la mort d'une personne qui avait mis sa confiance en Dieu ; cela me fit impression.

19. — J'eus de l'orgueil, lorsque j'eus fini mes pantoufles pour la vente ; je me dis : « Voilà un joli cadeau ; il y a des personnes qui ne donnent pas autant. Quoique je sois jeune, je commence bien. »

20. — Jour de la vente ; la maison semblait une foire ; tout le monde apportait de jolis objets ; tout était à mon goût. Ma cousine m'avait dit d'attendre la fin de la vente pour faire mes achats, mais lorsque je jetais les yeux sur les acheteurs et sur la marchandise, j'étais jalouse ; j'aurais voulu tout acheter.

22. — Ma cousine me fit passer dans son cabinet, et là nous nous mîmes à genoux pour demander au Seigneur qu'il me donnât son Saint-Esprit.

1er *Avril.* — A la Société on a lu la conversion d'une femme païenne, convertie au christianisme par le moyen de nos missionnaires. Cette pensée s'est présentée à mon esprit : « Il est donc vrai que les derniers seront les premiers..... »

5. — Je tirai des passages dans ma Bible pour mon frère Edouard, parce qu'il accomplissait sa troisième année. Je tombai sur ces paroles (Esaïe, LIX, 17) : *Il s'est revêtu de la justice comme d'une cuirasse, et le casque du salut a été sur sa tête.* Je demandai au Seigneur que mon frère fût réellement, comme dit Esaïe, *revêtu de la justice et du casque du salut*, par la foi au Sauveur qui nous a tout acquis.

6. — Le soir, ma cousine m'emmena chez une de ses amies. On nous donna un thé; il y avait des gâteaux et toutes sortes de friandises; j'en mangeai un peu trop et cela me chargea l'estomac. Bonne leçon; il ne faut pas se laisser aller à la gourmandise, autrement je ne ferai pas ce que dit saint Paul : *Soit que vous mangiez ou que vous buviez, faites tout pour la gloire de Dieu.*

8. — Un combat s'éleva en moi; le

diable voulait me faire désobéir ; je demandai à Dieu de le terrasser. Il le fit. Toute la matinée je n'eus pas de tentation, et je reconnus la vérité de ces paroles : *Résistez au diable et il s'enfuira de vous.* Le soir, dans le cabinet de ma cousine, je lus l'histoire de Lydie S..... Cette jeune fille avait senti qu'elle était pécheresse ; elle avait demandé le Saint-Esprit, mais sans foi, sans confiance ; elle est morte inconvertie..... Oh! comme j'ai demandé au Seigneur de ne pas être comme cette Lydie !....

12. — Je trompai mon maître en lisant ma leçon au lieu de la réciter ; mais ma conscience se réveilla et me montra combien je faisais mal ; elle me fit aussi comprendre que ce n'était pas à mon maître et à ma cousine que je nuisais, mais à moi-même, puisque je travaillais pour mon propre compte.

14. — Dans mon lit, ce passage se présenta à mon esprit : *Laissez venir à moi les petits enfants, car le royaume des cieux*

est pour ceux qui leur ressemblent. Je me
dis que si le Seigneur Jésus, lorsqu'il
était sur la terre, bénissait les petits enfants, il pouvait bien me bénir du haut
de son trône.

21. — J'eus un entretien avec S..... sur
la religion ; c'était par orgueil. Je lui dis
que je savais répondre à toutes les questions qu'on m'adressait sur la Bible, moi
qui suis si souvent en défaut lorsqu'on
m'interroge !....

30. — Je priai, mais avec tiédeur ; je
ne fus pas avec Jésus de tout le jour.

1er *Mai*. — Je fis des sottises et trompai ma cousine qui me fit coucher ; je
me révoltai, trouvant cette punition trop
sévère. Le soir, lorsque les amies de ma
cousine vinrent, elles me demandèrent
si j'étais malade. Ce fut alors que mon
orgueil fut abaissé. J'aurais voulu qu'on
me crût toujours sage, et voilà qu'on allait savoir que j'avais été mise au lit par
punition. Cependant ma cousine me demanda si je voulais être meilleure ; sur

ma réponse affirmative, elle m'habilla et eut même la bonté de me permettre d'aller voir le feu d'artifice. Nous nous couchâmes à dix heures, et une demi-heure après, on vint frapper à la porte pour demander la domestique. Sa mère était très-malade. B..... court auprès d'elle ; sa mère se mourait ! Voici ses dernières paroles : « C'est toi, ma fille..... l'heure est venue ; » et elle ajouta : « Mon Dieu ! » Le combat était fini !.... Quel avertissement, quelle mort subite !.... Elle était avec nous une heure auparavant au feu de joie. En revenant elle dit à la demoiselle qu'elle tenait par la main : « Mon estomac me fait mal. » Elle se rendit chez ses maîtres, se coucha, et une heure après elle était devant son juge..... Qui sait si cette pauvre femme s'était donnée au Sauveur avant cette heure ?.... Que de réflexions pour les survivants !

6. — Je fus angoissée dans mon âme ; je pensai que jeune comme vieux on pouvait mourir.

7. — Ma cousine m'écrivit une bonne lettre. Mon cœur fut rempli d'orgueil, parce que je n'avais pas été punie de tout le jour.

11. — Jour de la Pentecôte. Jour mémorable pour les chrétiens, puisque c'est le jour où le Saint-Esprit descendit pour la première fois sur la terre en forme visible. Dès que je fus habillée, je me mis à genoux pour demander à Dieu de me donner son Saint-Esprit, afin de m'apprendre à prier. Nous devions, avec ma cousine, invoquer le Seigneur Jésus pour qu'il nous bénît d'une manière toute spéciale ; mais, pendant que ma cousine priait, une personne entra et m'intimida ; ce qui fit que je ne demandai pas au Seigneur tout ce dont j'avais besoin. Je voulus faire une belle prière, mais le Seigneur humilia mon orgueil, car, au milieu de ma prière, je ne trouvai rien à demander, moi qui avant ce moment avais tant de demandes à faire à mon Dieu. Après le service du matin, de retour à la maison, je fermai les por-

tes et tombai à genoux tout en larmes. Je demandai au Seigneur de me bénir. Oh ! combien je fus heureuse après ! j'avais été arrosée de bénédictions.

10 *Juin*. — A la réunion on a lu une méditation sur le jugement dernier ; il y était dit que nous devions nous tenir prêts, si nous ne voulions pas être séparés et séparés pour toujours, puisque ceux qui ne se seront pas donnés à Jésus n'auront aucune part au salut qu'il a acquis au croyant. Je ne puis décrire l'angoisse de mon âme ; elle hésitait des deux côtés ; de l'un, j'aurais tout quitté pour suivre Jésus ; de l'autre, mon cœur naturel ne voulait pas renoncer à la vanité. J'aurais voulu prier, mais je n'osais sortir du salon. Un moment après, *les oiseaux*, c'est-à-dire la légèreté de mon cœur, avaient fait disparaître les bonnes impressions que j'avais eues durant la lecture.

18. — Le matin, je me levai de mon ouvrage pour aller sans permission au buffet, mais ce commandement de mon

Dieu se présenta à ma pensée : *Tu ne déroberas point.* Je fermai bien vite le buffet en demandant au Seigneur d'éloigner Satan de moi. Cela m'arriva plusieurs fois dans le jour, mais le Seigneur m'a garantie de ce péché.

20. — J'allai avec ma cousine dans son cabinet pour demander au Seigneur de me bénir, de me rendre sage. Oh ! combien j'ai besoin de veiller et de prier. Seigneur, aie pitié de ton enfant !

Voilà quelques fragments du journal d'une petite fille de huit ans.

CHAPITRE II.

Maladie d'Elmy. — Développement de sa piété.

> C'est par beaucoup d'afflictions qu'il nous faut entrer dans le royaume des cieux.
>
> (ACTES , XIV, 22.)

Afin qu'Elmy connût les douceurs de la vie de famille, et qu'elle ne fût pas une étrangère pour ses frères et sœurs qu'elle aimait tendrement, on la ramena sous le toit paternel ; là son éducation fut continuée par sa mère et par une institutrice qui lui portait une vive affection.

Ce fut pendant ce séjour dans son village que se manifestèrent les premiers symptômes de la longue et cruelle maladie qui devait la conduire au tombeau. Elle était âgée de neuf ans lorsqu'une frayeur subite, causée par la vue d'un taureau qu'elle croyait sauvage, produisit en elle un rhumatisme aigu qui se fixa au cœur. Cette maladie, pendant onze ans et trois mois de vives souffrances, servit dans les mains de Dieu à développer son âme et à la mûrir pour la gloire.

Elmy, mieux que toute autre, a pu dire après une si longue et si pénible épreuve : *J'ai été élue au creuset de l'affliction.* Plusieurs de ses parents se hâtèrent de venir auprès d'elle pendant la première crise de son mal et entourèrent avec anxiété son lit de douleur.

Dès qu'elle fut assez bien pour supporter le voyage, elle retourna auprès de sa marraine. A cette époque, sa soumission à la volonté du Père céleste était remarquable ; la prière était la respiration de son âme. Ses forces revinrent, mais une palpitation incessante, que l'art des mé-

decins ne put calmer, devint pour elle
une croix douloureuse mais salutaire, une
écharde, dont le Seigneur se servit pour
enseigner et humilier son âme. Elle re-
prit ses leçons et assista avec un grand
intérêt à l'école du dimanche. Sérieuse et
attentive, bien que d'une humeur en-
jouée, elle travaillait avec ardeur aux
bonnes œuvres qui se trouvaient à sa
portée et cherchait avec empressement
tous les moyens d'être agréable et utile
à ses alentours.

Il est de ces natures aimantes et privi-
légiées, chez lesquelles les dons de Dieu
se manifestent aux yeux de tous enve-
loppés d'un attrait plus pénétrant, lorsque
les souffrances physiques viennent servir
de contrepoids aux tendances funestes
du cœur; le Seigneur semble alors se
plaire à faire briller dans ces âmes ses
grâces les plus précieuses, afin qu'elles
servent à le glorifier. Il en était ainsi de
notre jeune amie; le Maître humiliait et
brisait le vase par les violentes crises de

la maladie, mais le parfum céleste que ce vase renfermait, répandait d'autant plus sa douce et sainte influence. Le cœur d'Elmy devinait les sentiments de ceux qui l'entouraient ; faible, souvent exténuée, elle était d'une douceur inaltérable, écoutant la prière avec attention et la demandant souvent, quoiqu'elle ne se crût pas aussi dangereusement malade que ses amis le craignaient.

C'est ainsi que l'enfant grandissait et qu'elle comprenait toujours mieux le but de la vie. Dans ses lettres, elle décrivait souvent ses luttes et ses combats spirituels, suivis de délivrances qui remplissaient son cœur d'une sainte joie. Lorsque enfin, par la foi, elle sentit la paix de son Sauveur, son cœur déborda d'allégresse ; Jésus devint le tout de son âme, elle se consacra entièrement à Celui qui l'avait rachetée et dont elle trouvait le joug aisé et le fardeau léger.

Sa joie fut grande lorsque, quelques années plus tard, elle retourna auprès de sa marraine pour recevoir l'instruction religieuse que son parrain donnait aux catéchumènes. Elle prenait toutes ses leçons au sérieux et faisait de la Bible sa lecture habituelle. Elle la lisait avec un esprit de prière et méditait beaucoup. Elle appelait la Parole de Dieu *une mine*, un *trésor inépuisable*.

Le soir, seule avec sa cousine, elles passaient ensemble une heure bénie à se faire part mutuellement des impressions de la journée : examen salutaire, heure de jouissances réelles, où la présence du Seigneur se faisait sentir à leurs cœurs et où se resserrait le lien qui, en les attachant l'une à l'autre, les unissait en même temps à leur Maître !

Elmy aimait beaucoup à lire ; les ouvrages de Rochat, de Vinet, de Gaussen, d'Adolphe Monod faisaient ses délices. Les prédications évangéliques allaient à son cœur ; les réunions de prières élevaient son âme et la transportaient dans la céleste patrie ; auditeur attentif, elle analysait ce qu'elle venait d'entendre avec beaucoup de clarté, saisissant les traits saillants et pleins de vie qui faisaient vibrer son cœur. « Voilà, disait-elle souvent, une bonne prédication; mais tout n'est pas fait lorsqu'on a écouté; il faut la grâce de Dieu, pour mettre en pratique ce que nous trouvons si beau, si bon et si vrai; chaque instruction doit nous rapprocher de Dieu, ou bien elle est perdue pour nos âmes et tournera à notre condamnation. »

Elmy s'observait attentivement et ne parlait que de ce qu'elle comprenait; elle répondait juste à la question qu'on lui adressait, ne déviant jamais de la vérité. Douce, conciliante, la charité remplissait à tel point son cœur, qu'elle savait prêter une bonne intention à tout ce qui concernait le prochain; sévère, très-sévère pour elle-même, elle était pour les autres pleine d'égards, d'attentions et d'indulgence. La lecture particulière lui procurait de grandes jouissances; mais elle possédait en outre l'art difficile de faire jouir ceux qui l'écoutaient lire ; aussi ses amies, ses voisines lui demandaient-elles souvent cette faveur ; elle s'y prêtait volontiers, et la lecture d'un traité, d'une bonne lettre remplissait généralement les moments qu'elle donnait aux visites. Son style était coulant et gracieux ; sa prière, fervente, onctueuse et directe, exprimant les sentiments et les besoins incessants de son âme. Elle scrutait soigneusement son cœur devant Dieu, afin que ses paroles ne dépassassent pas ses sentiments intimes.

Humble et modeste, elle savait écouter ; la répréhension ne lui était point pénible, car elle la regardait comme un témoignage d'affection. Elle savait aimer, cette chère enfant ; aimer était son élément ! Aussi quel heureux moment pour ce cœur plein d'amour que celui où elle fut reçue dans l'Eglise visible du Seigneur ! Elmy s'y prépara par la prière, soit avec ses amies qui avaient reçu les mêmes instructions, soit dans son cabinet, soit au culte domestique. Ce n'était pas une forme pour elle, mais bien le désir de son cœur, le besoin de son âme de ratifier le vœu de son baptême et de déclarer devant les fidèles qu'elle se consacrait volontairement au service de Dieu. Quelle joie, quelle émotion, lorsque, pour la première fois, elle reçut les symboles sacrés du corps et du sang de son divin Rédempteur! Comme sa prière monta ardente vers son Père céleste! De retour à la maison, et plus tard à la réunion de l'école du dimanche avec ses jeunes amies, ses supplications furent arrosées de larmes. Ce jour-là, un monde nouveau s'ouvrit devant ses pas, le ciel communiquait pour elle avec la terre; toutes ses affections étaient comme déjà sanctifiées par son union avec son Sauveur: c'était à travers Christ qu'elle aimait tous ses frères.

Elmy dut quitter ce lieu chéri où elle laissait de si doux souvenirs et des amis si précieux. Son départ fut précipité. « Ma volonté est brisée, disait-elle; j'ai besoin que le Seigneur se rende maître absolu de tout mon être pour que tout aille bien. »

Elle traversa bientôt une longue et terrible crise de son mal. Sa constante patience, sa douceur inaltérable, sa soumission, sa sérénité montraient à quel point le Seigneur la soutenait. Que de fois, dans ces heures d'angoisse, n'a-t-elle pas béni son Dieu pour cette écharde même, qui ne lui laissait aucun repos !

« Pas une souffrance de trop, écrivait-
» elle à sa marraine ; je sais que mon
» Père céleste ne me traite de la sorte
» que pour mon plus grand bien ; je sens
» que je lui rendrai grâce éternellement
» pour cette rude discipline dont ma
» mauvaise nature a besoin ; j'y reconnais
» la main de Celui qui m'aime ; il m'exauce
» en m'unissant toujours plus intimement
» à mon bien-aimé Sauveur. Plus je sens
» ma misère, plus je comprends le be-
» soin de Celui qui *est le chemin, la*
» *vérité et la vie.* Cet adorable Sauveur

» rend mon sentier lumineux ; il m'a tout
» acquis, lorsqu'il a été cloué pour moi
» sur la croix de Golgotha ; il a été fait,
» ô profondeur d'amour ! pour moi, mi-
» sérable pécheresse, *sagesse, justice et
» sanctification* devant Dieu ! Il a pris ma
» place de malédiction pour me donner
» la sienne de bénédiction, afin que je
» fusse pardonnée et heureuse éternelle-
» ment ! Quelle grâce ! quel amour ! Oh !
» c'est un véritable océan de miséri-
» corde ! »

Dans une autre lettre, après avoir men-
tionné les maux qui l'avaient pour ainsi
dire criblée de toute part, et cela dès la
fleur de son âge, elle ajoutait : « Le Sei-
» gneur s'est montré véritablement pour
» moi le Dieu de la délivrance ; je com-
» prends maintenant la pensée du Psal-
» miste, lorsqu'il exalte l'amour de Dieu
» tant et si souvent, et qu'il le nomme
» sans cesse le Dieu de sa délivrance.
» Oui, c'est bien là son nom : le Dieu de
» la délivrance ! »

Quand sa santé le lui permettait, Elmy prenait plaisir à visiter les pauvres et les malades ; elle savait adoucir leurs souffrances par des paroles *assaisonnées de sel avec grâce*, qui trouvaient le chemin des cœurs, et devenaient un baume pour les plaies délicates de l'âme. Elle avait un don tout particulier pour puiser, dans la Parole de son Dieu, un encouragement à donner, une promesse à présenter à propos ; l'Esprit saint agissait par son moyen.

Exercée depuis longtemps à l'école de la souffrance, Elmy apprenait à soumettre sa volonté à celle de Dieu ; elle acceptait son mal comme une visite du Seigneur et une manifestation de son amour ; cependant elle aimait encore la vie, et son combat sur ce point n'était pas encore terminé.

Après avoir suivi quelque temps sans succès un système médical duquel elle attendait du soulagement, elle éprouva une lutte courte mais violente. Après avoir pleuré et prié : — « Je suis une bien sotte enfant, dit-elle à sa cousine ; le Seigneur, après tout, n'est-il pas le maître ? Je suis malheureuse, parce que j'ai une volonté en opposition avec la sienne ; j'oublie qu'entre ses mains tout va bien. Oh ! que le Seigneur augmente ma foi !..... » — Après cela, la sérénité revint sur son front et le calme dans son cœur.

Un jour, une de ses parentes lui demanda, en voyant passer les jeunes filles du village parées et joyeuses (c'était la fête du lieu), si cette vue ne provoquait pas en elle des regrets ? — « Non, répondit-elle ; mon Dieu sait pourquoi il fait toute chose ; sans ma longue maladie j'aurais pu être insouciante et légère comme ces jeunes filles, tandis que l'amour de mon Père céleste me donne quelque chose de bien meilleur : une espérance vive pour l'éternité. »

A propos de cette conversation, elle écrivait : « Puis-je regretter les biens » passagers d'ici-bas, lorsque je contem-

» ple par la foi ceux que mon Sauveur
» m'a acquis ? Il est doux de sentir qu'avec
» l'amour de Jésus dans le cœur, on peut
» passer au milieu des grandes eaux
» sans être submergé, et par la four-
» naise ardente sans être brûlé. Le Sei-
» gneur mesure la force du vent à cha-
» cune de ses créatures..... Puisse-t-il
» embraser mon cœur de cette flamme
» que plusieurs courants d'eau ne peu-
» vent éteindre, afin que tout en moi
» soit pour sa gloire !...... »

Comme nous l'avons déjà dit, Elmy aimait beaucoup la lecture d'ouvrages sérieux ; mais elle revenait toujours avec délices à sa Bible qu'elle mettait sous son chevet pour s'en nourrir dès l'aube du jour ; c'était là qu'elle retrempait ses forces. L'Evangile de saint Jean, qu'elle savait par cœur, était un baume pour son âme. « Je ne veux avoir, disait-elle, d'autre règle de conduite que la Parole de Dieu, et d'autre directeur que l'Esprit saint. »

Dans le courant de la même année, elle décrivait le bonheur qui avait été son partage à Pâques, en s'approchant, avec tous les siens, de la sainte table. Voici en quels termes elle s'exprimait :

» « Après la prédication, la Cène fut dis-
» tribuée ; combien fut solennel ce mo-
» ment où je pensais que vous aussi,
» chère cousine, et tous les vrais fidèles
» dans tous les lieux, étions participants
» de ce repas d'amour ! Qu'il était doux
» et précieux pour mon âme de sentir
» que nous étions unies par la même
» foi ! Je crus que puisque le Seigneur
» m'avait encore une fois retirée des por-
» tes du tombeau, je devais, devant tous
» les fidèles, célébrer cette nouvelle dé-
» livrance en m'offrant à lui en sacrifice
» vivant, et je fus heureuse de pouvoir
» promettre fidélité à ce bon Maître qui
» m'a soutenue si visiblement. L'après-
» midi, nous nous réunîmes dans ma
» chambre pour prier.

» Le lundi fut un jour de fête de fa-

» mille ; nous allâmes goûter sur les
» bords du Vistre, sous un ciel superbe ;
» la prairie était émaillée de fleurs ; nous
» chantâmes le joli cantique de Canaan ;
» c'était en mon honneur que nous étions
» ainsi réunis, puisque c'est l'anniver-
» saire du jour d'où date ma maladie.
» Vous comprenez notre douce joie.
» Pourquoi étiez-vous loin ?..... Mais
» dans ce monde il y a toujours un désir
» qui n'est pas satisfait ! Ma cousine,
» vite, une lettre, et beaucoup de dé-
» tails sur ma chère vente en faveur des
» pauvres et sur vos fêtes pascales ! Par la
» pensée, je vous suis partout, et prends
» part à tout ce qui vous intéresse. »

Le mal revint, peu de temps après,
plus cruel encore ; les crises se rappro-
chaient. Une parente adressa les lignes
suivantes à la cousine d'Elmy :

« La journée d'hier fut orageuse ; la suf-
» focation fut si grande, qu'en voulant,
» sur la demande de notre chère malade,
» la soulever dans son lit, les traits de

» la mort se peignirent sur son visage.
» Tout-à-coup, elle nous dit : « Elle
» a cédé (parlant de la palpitation).
» Merci, mon Père céleste ! » Ce furent
» ses premières paroles; puis elle ajouta :
» « Rendez grâces à Dieu..... » Elmy est
» très-faible ; je n'ai pas besoin de vous
» dire que sa douceur, sa patience, sa
» soumission font l'admiration de tous
» ceux qui peuvent la voir. »

Le mieux reparut; la chère enfant re-
prit des forces ; elle put encore prendre
la plume et bénir Dieu de cette nouvelle
délivrance. Le désir de voir sa marraine
devint si vif, que ses instances furent
irrésistibles : — « Venez, oh ! venez !
» écrivait-elle ; mon âme vous désire ! Si
» j'étais petit oiseau, je volerais vers ce
» cher V....., je becqueterais à votre fe-
» nêtre de telle sorte que vous ouvririez,
» et je me glisserais dans votre sein ; là
» vous reconnaîtriez, aux élans de mon
» cœur, votre fille qui ne peut plus se
» passer de vous. De grâce, venez au-

» près de ceux qui vous aiment si ten-
» drement ! »

Quelques mois plus tard, la maladie reparut avec des caractères plus dangereux ; les crises devenaient de plus en plus fréquentes. Un jour, Elmy, dans une douce et intime causerie avec sa mère, lui dit : — « Ma mère, écoute ; ces paroles ont été appliquées ce matin à mon âme : *Il sera assis comme celui qui raffine et qui purifie l'argent.* » — Oui, le Seigneur s'est assis à son côté tant qu'elle a été dans le creuset, et lorsque l'or a été purifié, tous ses amis ont pu contempler, comme dans un miroir, l'image de Celui qui raffine !

Un autre jour, sa mère lui ayant demandé comment elle se trouvait dans son âme, Elmy répondit avec la douceur qui la caractérisait, et avec ce regard qui disait plus que toutes les paroles : — « Ma mère, point d'inquiétude pour ta fille ; point de souci ! Quoi qu'il arrive, je suis assise sur le rocher des siècles ; mon espérance est

fondée sur lui ; ne crains rien : je suis à
lui pour le temps et pour l'éternité. »

Quelques instants après, elle ajouta :
— « Tu iras à Jésus, ma mère ; *il te
tiendra lieu de tout, il te soutiendra et te
consolera.* Point de regrets, ma mère !
Mon père et toi avez fait pour moi tout
ce que vous pouviez faire, et bien au-
delà ; vous avez sacrifié votre temps,
votre santé, votre argent, votre vie ;
pour moi, vous n'avez reculé devant aucun sacrifice ; vous avez tout fait pour
votre fille, mon bon père, et toi ma
mère ! Point, non, point de regrets ! »

Mon âme, sois tranquille ;
Le Sauveur, ton asile,
Prend soin de ton destin ;
Et sa grâce infinie,
Même après cette vie,
Te rendra bien heureux sans fin.

CHAPITRE III.

Derniers moments d'Elmy. — L'épi mûr est moissonné.

> J'ai achevé ma course, j'ai gardé la foi.
>
> (2 Tim., IV, 7.)

La marraine d'Elmy, à la nouvelle que sa maladie faisait des progrès alarmants, se hâta de se rendre auprès d'elle, pour la soutenir dans ses derniers combats. Mais ce fut la chère malade qui, par sa patience, son courage et ses paroles pleines de vie, fortifia tous ceux qui eurent l'avantage de la visiter.

On a recueilli, jour après jour, l'édifiant témoignage de sa foi. Voici quelques extraits du journal qui en fut tenu.

Mercredi. — Elmy causa longtemps avec sa marraine ; elle lui parla de l'assurance de son salut avec une grande joie et lui dit qu'elle avait entendu une voix murmurer à son âme : *Je t'ai élue au creuset de l'affliction ; tu es sauvée!* Elle ajouta : « Je suis comme écrasée par tant de faveurs, par tant de grâces ! Ma cousine, quel bonheur, que moi si petite, si indigne, si pauvre, si misérable, j'aie une place dans le ciel ! Quel amour que celui de mon Sauveur ! »

Jeudi. — Le pasteur lui ayant demandé ce qu'elle désirait qu'on priât le Seigneur de lui accorder, la chère malade répondit : « Demandez-lui que sa volonté soit entièrement la mienne. Je ne veux que ce que mon Père céleste veut ; il sait si bien ce dont j'ai besoin. »

Vendredi. — Elmy a passé en revue, pour ainsi dire, toutes ses connaissances, en envoyant à chacune d'elle un souvenir affectueux. « Chère cousine, dit-elle à sa marraine, mes salutations aux membres de la Société d'ouvrage du lundi ; encouragez-vous toutes pour l'œuvre du Seigneur. Dites à mes jeunes amies qui s'y rendent qu'il faut *travailler pendant qu'il fait jour, car la nuit vient dans laquelle personne ne peut travailler*. Aimons Celui qui nous a tant aimés et dont la nourriture, durant son séjour terrestre, était de faire la volonté de son Père. — Un souvenir bien affectueux également aux membres de la réunion d'ouvrage du mardi ; j'y ai reçu tant de bien ! J'aime à me rappeler l'heureux temps que j'ai passé au V.....; l'école du dimanche, celle du jeudi, tout y était pour moi privilége. Veuillez dire à ceux qui s'intéressent à moi, combien je suis heureuse ; dites-leur aussi que je les aime tous en Jésus. Qu'il est doux de s'aimer dès ici-bas pour le ciel ! Savourons ce bienfait que Christ donne à ses rachetés. »

Dimanche. — Mauvaise nuit, douleurs intolérables, cris incessants. Elmy se croyait à son dernier moment ; elle de-

mandait à son Père céleste la force de
pouvoir endurer ses maux sans crier.
Point d'impatience; même soumission,
acceptant tout avec foi, désirant son délogement avec une assurance ferme, et
serrant dans son cœur les promesses de
la Parole de Dieu. De temps en temps
elle demandait la lecture de quelques versets et de courtes prières. On lui lut ce
passage : *Heureux les morts qui meurent
au Seigneur ; oui, dit l'Esprit, car ils se
reposent de leurs travaux et leurs œuvres
les suivent.* « C'est vrai, a dit la malade,
je serai heureuse ; mais mes œuvres ne
me suivront pas ; je n'ai rien fait ; je suis
sauvée par grâce, je dois tout à mon
bien-aimé Sauveur ! » — L'après-midi elle
trouva un peu de calme. On lui demanda
si le Seigneur la soutenait ; surprise, elle
répondit : « Et qui donc m'aurait prêté sa
force dans ce violent combat ? Oui, Celui
qui aime mon âme me soutient ; il ne me
quitte pas ; je sais en qui je crois ; il est
tout-puissant ; il est mon Rédempteur. »

Mardi. — Sa cousine se trouvant seule auprès de son lit : — Mon Elmy, lui dit-elle, tu parais abattue ; veux-tu me laisser lire dans ton cœur ?

— Volontiers, répondit la malade ; vous savez combien j'aime à vous dévoiler mes plus secrètes pensées.

— Eh bien ! comment es-tu ? Dimanche, était-ce sans effroi que tu voyais approcher l'heure de la délivrance ? Et aujourd'hui, mon enfant, crois-tu être mieux ? espères-tu une guérison ?

— Le Seigneur, ma cousine, est tout-puissant ; je n'ai d'autre volonté que la sienne ; je suis heureuse dans le sentiment profond de son amour ; cependant je dois vous avouer que je redoute l'influence de ma grande faiblesse physique pour mon âme ; je crains par moments de me faire illusion sur cette paix si douce dont le Seigneur me fait jouir. Vous ne pensez pas que je me trompe, n'est-ce pas, chère cousine ?

— Ta paix, fille chérie, sur quoi s'appuie-t-elle ?

— Mais sur la médiation parfaite de mon Sauveur, sur son sacrifice expiatoire. Oui, tout vient de lui, et de lui seul !....

— L'Esprit de Dieu rend-il témoignage à ton esprit que tu es enfant de Dieu ?

— C'est bien l'Esprit de Dieu, de mon Père céleste, qui me fait comprendre, comme à saint Paul, son grand amour, par le don de son Fils unique ; je sens à cette heure que rien ne peut me séparer de Celui qui m'a tout donné en son Fils bien-aimé.

— Tu le prends, ce doux Sauveur, pour chef et consommateur de ta foi ?

— Entièrement ; oui, tout par lui, pour lui et en lui !

— Souviens-toi, mon Elmy, qu'au moment de se séparer de ses disciples le Sauveur leur dit que l'ennemi n'avait rien en lui ; tu sais que rien d'impur ni de souillé ne peut entrer dans le royaume des cieux.

— Je le sais ; mais Jésus m'a lavée dans le Béthesda de son amour, avec son sang versé pour moi sur la croix.

— Bénissons donc le Seigneur, douce amie, pour l'œuvre bénie qu'il a faite dans ton âme. Précieuse assurance ! Soyons heureuses de lui appartenir ; il saura nous garder ; il est fidèle. Attends-toi à lui ; chasse soigneusement toute pensée qui viendrait troubler ou diminuer la bénédiction dont le Seigneur te fait jouir ; que l'ennemi n'ait absolument rien en toi ; que Christ y règne sans mesure et sans partage.

— Oui, ma cousine, je suis heureuse ; mes souffrances sont un privilége ; elles sont pour mon plus grand bien..... Vous ne partirez que jeudi, n'est-ce pas ?

— Pourquoi insistes-tu sur ce jour, mon amie ?

— Parce qu'alors tout, je crois, sera fini.....

Mercredi. — La nuit fut cruelle; le père et la mère d'Elmy la soutenaient entre leurs bras ; elle ne pouvait trouver une bonne place. En apercevant sa marraine, elle murmura : « Venez, je souffre ! je ne puis parler..... priez !.... »

Un moment après, la bouche de cette chère enfant s'ouvrit pour faire comprendre à tous ceux qui l'entouraient les trésors de foi et d'amour dont le Seigneur, suivant sa promesse, enrichissait son âme. Ce bon Sauveur se tenait à ses côtés et lui prêtait, dans ce moment solennel, sa force et son appui.

— Ma cousine, dit-elle, je puis, à cette heure si terrible pour la chair, dire que tout va bien ; le Seigneur me soutient ; il est fidèle..... Il me gardera jusqu'à la fin.

Dès qu'elle eut repris quelques forces, elle continua : « Remerciez votre bonne mère pour le bien qu'elle m'a fait dans tous les temps, particulièrement en vous permettant cette dernière visite..... Dites

à mon cher parrain ce que je n'ai pas su
lui témoigner ; dites-lui que l'instruction
religieuse qu'il m'a donnée comme sa ca-
téchumène avec tant d'affection m'a fait
beaucoup, oui, beaucoup de bien, et
que la méditation du cours qu'il m'a fait
faire, tout appuyé sur la Parole de Dieu,
m'a fourni de précieuses consolations :
dites-le-lui, car dans son ministère, quel-
quefois pénible, il a besoin d'encouragement. Que le Seigneur soit béni pour
tout le bien que ce bon parent a fait à
mon âme !.... N'oubliez pas de lui dire
qu'à cette heure suprême je me souviens
et j'expérimente la vérité de ses instructions..... »

La malade appuya sa tête sur le sein
de sa mère, puis sur celui de sa cousine :
« Tantôt l'une, tantôt l'autre, dit-elle en
souriant; vous êtes mes deux mères..... »

Elle demanda à voir la famille M.....
Ils accoururent tous. « Adieu, chers et
bons parents, leur dit-elle; je suis heureuse de ce nouveau témoignage d'affec-

tion ; adieu à tous. E..... m'a fait passer de bien doux moments ; c'est à son école que j'ai commencé à recevoir des impressions sérieuses. Adieu encore une fois ; vous aimez le Seigneur ; c'est un grand privilége de vivre sous son regard. »

La chambre se remplissait de parents et d'amis, désireux de la voir et surtout de l'entendre parler avec tant de gravité et avec tant d'amour. Sa physionomie était illuminée d'un rayon céleste ; tout était remarquable dans sa voix, dans ses gestes ; la timide jeune fille avait une force toute divine ; l'âme avait reconquis son légitime empire. Quoique haletante et suffoquée, elle ne faisait nulle attention à ses maux ; lorsqu'elle était hors d'état de parler, elle demandait une courte prière, un élan de l'âme, pour l'aider à poursuivre sous le regard de son Père céleste.

Ses frères et ses sœurs entrèrent dans la chambre. « Donnez-moi un baiser, leur dit-elle ; approchez-vous tous les quatre ;

je vous aime bien tendrement. Pardonnez-moi de vous avoir souvent fait de la peine en cherchant à vous corriger ; si j'étais sévère avec vous, c'est parce que le Seigneur m'enseignait à vous témoigner ainsi mon affection. Ne m'oubliez jamais ; aimez nos chers parents ; soyez bien sages, bien obéissants ; aimez, oui, aimez le bon Dieu ; il veut votre bonheur. Adieu ; encore un bon baiser..... Adieu, au revoir là haut..... Une prière..... »

Ensuite Elmy demanda les personnes qui l'avaient soignée durant cette dernière atteinte et le domestique de la maison. — « Adieu à tous, murmura-t-elle ; merci de vos soins, de vos attentions pour moi ; je vous aime et prie le bon Dieu de vous bénir. »

Plus tard, s'adressant à sa mère, elle lui demanda : — « As-tu, ma bonne mère, donné ta fille à Dieu ? — Oui, mon enfant, car je veux ton bonheur..... — Mon père, as-tu fait le sacrifice de ta fille à Celui qui te l'avait donnée ? — Ma fille, c'est bien dur à la chair..... — Oui, mon père, mais Dieu le veut; il t'en donnera la force. Dis, mon père, tu veux bien me donner au Seigneur? — Oui, mon enfant..... »

Alors, ayant manifesté le désir d'être seule avec ses parents, Elmy, d'une voix remplie d'onction et qui allait au cœur, s'est tournée vers son père, et avec un respect qui portait l'empreinte du véritable amour, elle lui a dit : — « Ecoute, mon père, je désire t'exprimer les sentiments intimes de mon cœur; je suis forcée de parler à présent, car j'ignore si plus tard je le pourrais..... Ecoute (sa parole devenait remarquablement grave et accentuée) : je te dois beaucoup ainsi qu'à ma bonne mère; vous m'avez entourée de soins, d'affection; vous n'avez reculé devant aucun sacrifice depuis près de douze ans de maladie; vous avez prévenu mes moindres désirs. Je déclare que j'ai été l'enfant la plus heureuse! Ma vie a été douce; je voudrais pouvoir vous témoigner ma reconnaissance..... Mon cœur est plein..... le Seigneur exaucera mes prières ; il vous bénira !.... Mon bon, mon tendre père !.... je t'aime tant ! pardonne à ta fille mourante ce qu'elle va te dire..... Mon père, donne ton cœur entièrement au Seigneur ; décharge-toi sur lui de toutes tes affaires temporelles ; demande-lui tout, oui, tout ce que tu désires, et le Seigneur te l'accordera. Encore une fois, pardonne à ta fille de s'exprimer de la sorte ; le temps est si précieux, le départ approche... Oh ! que nous soyons tous réunis à la droite de Dieu ! je le lui ai demandé avec ferveur. Il faut bien que je dise ce que le Seigneur met dans mon cœur..... » Et elle continua quelques instants encore à adresser à son père les plus tendres et les plus respectueuses exhortations.

Les jeunes filles du village entrèrent. Elle s'adressa d'abord à celle qu'elle appelait *la sœur de son cœur :* — « Adieu, mon amie, lui dit-elle ; tu t'es donnée à ton Sauveur; c'est là que se trouve le vrai, le solide bonheur; adieu! tu m'as toujours aimée; nous avons passé de douces heures ensemble, en nous occupant de la seule chose nécessaire ; tu sais combien tu m'es chère ; adieu, au revoir dans la cité d'en haut !.... »

Se tournant ensuite vers les autres jeunes filles, elle continua : — « Votre affection m'est précieuse, chères amies ; j'en bénis le Seigneur. Que celles d'entre vous qui ont déjà goûté combien le service du Seigneur est agréable, s'affermissent dans son amour. Toutes, recherchez cet Ami qui veut nous enrichir de ses dons; c'est en lui seul que se trouvent les vrais biens.

» Chères amies, à cette heure suprême veuillez me pardonner si je vous ai jamais fait de la peine, ou si j'ai nui à votre piété : ce n'a jamais été volontairement, croyez-le. Souvenez-vous de moi devant Dieu..... priez. »

Après un intervalle de silence, la

jeune malade s'écria : — « Je vois l'échelle
mystérieuse de Jacob qui communique
de la terre au ciel ; il n'y a plus de distance.
Oh ! combien je suis heureuse ! je suis
confondue devant tant d'amour..... »

Le médecin étant venu, elle lui dit :
— « Eh bien ! cher monsieur ; voici
l'heure, n'est-ce pas ? » — Et comme il ne
répondait point, elle continua : — « Je
suis affligée que vous manquiez de courage pour me dire la vérité ; recevez,
monsieur, mes remercîments pour tous
vos bons soins. Adieu ; que Dieu vous
garde vous et les vôtres ! »

Les heures qui suivirent furent des
heures de vives souffrances pour Elmy ;
plusieurs fois elle éleva son âme à Dieu
par la prière. Tout-à-coup, regardant
autour d'elle, elle dit : — « Je voudrais
pouvoir vous donner à tous un souvenir. »
Une de ses cousines lui ayant demandé
une boucle de ses cheveux, elle s'empara
aussitôt de cette pensée, et pria son
père de lui permettre de couper ses tres-

ses; celui-ci y consentit; alors, assise sur son lit, Elmy distribua d'une main tremblante, mais sûre, cette dépouille qui ornait naguère sa jolie tête. Elle appelait chacun par son nom, et lui donnait, avec un mot assaisonné de grâce, cette dernière marque de son affection. Une tresse restait encore intacte. — « Cette tresse est pour ma mère et pour ma tante, dit-elle en souriant. Voyez combien je suis heureuse! personne n'a eu un bonheur plus réel; malade depuis douze ans, j'ai été constamment entourée d'égards, de bons soins, d'affection. J'ai eu trois mères (quelle bonté de la part de mon Dieu!.....): ma bonne, mon excellente mère, qui jour et nuit s'est oubliée pour me procurer du soulagement; ma tante qui m'a aimée et soignée comme si j'étais sa fille; et ma marraine qui m'appelait sa précieuse enfant!..... Rien ne manque à mon bonheur. Voyez tous la puissance de l'Evangile; au milieu de mes souffrances les plus vives, soutenue par la même espérance que saint Paul, je puis dire comme lui : *Les souffrances du temps présent ne sont rien en comparaison de la gloire qui doit être manifestée en nous.* »

Peu après, elle dit à sa marraine : — « Ma cousine, j'ai un petit ouvrage au crochet commencé; prenez-le. Il y a aussi dans la même boîte un peu d'argent; vous le prendrez également : je destinais le tout aux missions chez les païens; j'étais contente en pensant que je donnerais, par ce petit ouvrage, ma pite à cette œuvre excellente. »

Le pasteur vint, non, dit-il, pour l'exhorter, mais pour admirer la puissance de Dieu en elle. « J'aurais, M. le pasteur, une requête à vous faire, lui dit la malade; veuillez permettre, lorsqu'on déposera ma dépouille dans la tombe et que je serai en possession de l'éternité glorieuse, qu'on chante quelques versets du cantique de Canaan. » Sur la réponse affirmative du pasteur, elle l'a vivement remercié. Elle a aussi demandé que son cousin parlât sur sa tombe.

Sa grand'mère, retenue dans son lit par la maladie, voulait venir embrasser encore une fois cette enfant, délice de tant de cœurs ; mais la chère mourante ranima ses forces pour se faire transporter auprès de son aïeule.

« J'ai voulu, chère grand'mère, vous faire un dernier adieu, lui dit-elle en l'embrassant, et vous prier de me pardonner si je vous ai causé quelque peine..... Je sais que vous aimez la lecture de la Parole de Dieu ; mais il faut s'affermir toujours plus dans l'amour de ce tendre Père. Il y a une si grande douceur à son service ! Adieu..... au revoir, dans la céleste patrie ! »

Epuisée de fatigue, Elmy fut rapportée dans sa chambre.

Bientôt les douleurs de la pauvre enfant devinrent incessantes. « Ma cousine, murmurait-elle dans ces moments d'angoisse, je vous en supplie, allez dans votre chambre demander au Seigneur mon délogement; il me tarde de partir..... priez. »

Une autre fois, elle dit : « Le souffle me manque; je désire être appuyée sur le sein de mon père, entourée des bras de ma mère..... Vous, ma cousine, les yeux sur les miens..... Que je vous voie tous, jusqu'au moment où mes yeux fermés sur la terre, s'ouvriront pour contempler mon divin Rédempteur..... »

Sa mère, en la voyant tant souffrir, déplora de ne pouvoir trouver aucun moyen de la soulager. « Pas de regrets, ma mère, dit la mourante; les regrets mènent aux murmures, et les murmures offensent Dieu. Tout va bien ; bénissons le Seigneur qui nous fait visiblement sentir sa présence. »

Une de ses parentes lui dit : « Encore quelques instants, et tu seras dans la compagnie des anges. » — « Mieux que cela, répondit-elle ; je serai dans une union intime avec mon adorable Sauveur, et cela pour toujours..... Oh ! qu'il me tarde de partir, que les parois sont lentes à tomber ! »

Elle eut soif.

— Ton Sauveur a eu soif sur la croix, lui dit sa marraine.

— Oui, reprit-elle ; il y souffrait pour moi, et on lui donna du vinaigre et du fiel, tandis qu'on me donne à moi tout ce qu'il y a de meilleur..... Priez, pour que j'entre vite dans le repos promis..... Le char est attelé ; voyez : il descend pour me prendre..... Ma cousine, qu'est-ce qui me retient ? Y a-t-il quelque chose à faire ?

— Je ne [sais, mon amie ; peut-être le Seigneur veut-il donner à ta tante la douceur de t'embrasser encore une fois.

— Quelle heure est-il ?

— Dix heures ; elle arrivera vers midi.

— C'est trop tard ; je ne puis aller jusque-là ; priez.....

Elle demanda à se lever ; assise sur son lit, défaillante, elle dit à ses parents :

« Veuillez me pardonner mon désir de partir.... quelques années plus tôt, quelques années plus tard, qu'importe ? Le jour n'est pas loin où nous serons tous réunis pour toujours. S'il était permis d'avoir des regrets à ce moment si solennel, ce serait de quitter de si bons parents et tant de précieux amis. Pardonnez mon impatience ; je vais, comprenez-le, échanger le mal pour le bien... La délivrance approche..... Mon père, tiens-moi..... ma mère, serre-moi contre toi..... ma cousine..... tous..... adieu ! *Christ est ma vie, et la mort m'est un gain !.....* »

Puis, penchant la tête sur le sein de son père tant aimé, la douce enfant s'endormit sans secousse du sommeil des bienheureux. Son âme sanctifiée quitta son enveloppe mortelle. Elle est allée dans le sein de Celui qui l'avait rachetée, auprès de ce Dieu trois fois saint, source ineffable de gloire et de félicité sans mélange. Dégagée de tout alliage impur, lavée dans le sang de l'Agneau, elle nous attend en jouissant d'un parfait bonheur aux pieds de Celui qui lui a tout acquis, — le salut et la vie !

Puisse la même foi qui consola leur vie,
Nous ouvrant les sentiers que leurs pas ont pressés,
Diriger notre essor vers la sainte patrie
Où leur bonheur s'accroît de leurs travaux passés,
Et rendre à notre amour ces cœurs dignes d'envie
Qui ne sont pas perdus, mais nous ont devancés !

De nombreux amis et parents vinrent prendre part au deuil de la famille d'Elmy, qui, en pleurant, bénissait le Seigneur.

Le parfum délicieux laissé par cette fleur, si longtemps battue par l'orage de la maladie, était doux et consolant pour les cœurs brisés par son départ.

Le lendemain, on porta à sa dernière demeure sa dépouille mortelle. Le pasteur parla sur ces paroles : *Heureux les morts qui meurent au Seigneur.*

Lecteur ! n'oublie point que pour *mourir au Seigneur* comme Elmy, il faut,

comme elle, *vivre avec lui* sur cette
terre !

————

LE MOISSONNEUR ET LES FLEURS.

Il est un moissonneur dont le nom parmi nous
Est la mort. Mais au ciel il prend un nom plus doux.
Je le vis un matin qui traversait la plaine,
Fauchant les épis mûrs et les fleurs d'une haleine.

Sur les frêlès boutons qu'avait touchés sa faux,
Il se pencha longtemps, l'œil voilé de tristesse ;
Respira leur parfum et les trouva si beaux
Qu'il se prit à pleurer leur grâce et leur jeunesse.

« Je vous aime, dit-il, et je voudrais pourtant,
» Douces fleurs, vous laisser longtemps, longtemps encore
» A ceux qui vont pleurer... Mais mon roi vous attend,
» Et c'est sous son regard que vous allez éclore.

» Est-il rien ici-bas de trop beau pour les cieux ?
» La terre pour son Dieu n'aura-t-elle en offrande
» Que le rebut flétri de ses dons précieux ?
» Mon maître vous créa, c'est lui qui vous demande.

» De ce monde où lui-même il voulut être enfant,
» Vous êtes, tendres fleurs, le tribut qu'il préfère ;
» Pourquoi pleurer sur vous, quand le ciel vous attend ?
» Vous fleurirez là-haut dans les champs de lumière. »

Le moissonneur se tut ; il prit les pâles fleurs,
Qu'il lia dans sa gerbe avec l'herbe plus mûre ;
Et la mère, le cœur brisé, les yeux en pleurs,
Voyant le ciel ouvert, les donna sans murmure.

Oh ! non, ce n'était pas dans un jour de courroux
Que l'envoyé du ciel descendit parmi nous ;
Au monde racheté par un amour immense,
Il demande un tribut de sainte obéissance.

FIN.

www.ingramcontent.com/pod-product-compliance
Lightning Source LLC
Chambersburg PA
CBHW051618060726
47597CB00004B/1330